Josef Oßberger

Latinus

Originalausgabe – Erstdruck

Josef Oßberger

Latinus

Heitere Gedichte und Verserzählungen
über die Schule

Schardt Verlag Oldenburg

Bibliographische Information der Deutschen Bibliothek:

Die Deutsche Bibliothek verzeichnet diese Publikation in *Der Deutschen Nationalbibliografie*; detaillierte bibliographische Daten sind im Internet über http://dnb.d-nb.de abrufbar.

1. Auflage 2009

Copyright © by
Schardt Verlag
Uhlhornsweg 99 A
26129 Oldenburg
Tel.: 0441-21 77 92 87
Fax: 0441-21 77 92 86
E-Mail: kontakt@schardtverlag.de
www.schardtverlag.de
Herstellung: DPG, Erlangen

ISBN 978-3-89841-455-5

Inhalt

ERSTER TEIL: SCHULE FRÜHER – JUGENDZEIT

EINE FILMREIFE GESCHICHTE ... 7
DIE VERWEIGERTE HAUSAUFGABE ... 10
DER KOTZER ... 16
DIE HALBSTARKEN ... 19
GEGENBILDER: DER HUMANIST OTTO JAKOB ... 27
HANS ENDEN ... 29
GEORG SCHMERLER ... 30
FRAU MÜLLER ... 31
DIE TURNSTUNDE ... 34

ZWEITER TEIL: SCHULE HEUTE – LEHRZEIT

VORWORT ZUR GEGENWART ... 40
DER CD-PLAYER ... 42
BILDUNGSBÜRGER ... 47
DIE STREBERIN ... 49
DER MINIMALIST ... 51
GEHOBENER DURCHSCHNITT ... 54
DIE AUTOFAHRT ZUR SCHULE ... 57
DIE TRAJANSSÄULE ... 59
DURCHSAGE ZUM WEIBERFASCHING ... 65
PEINLICH! PEINLICH! ... 66

Eine filmreife Geschichte

Nichts im Unterricht erfreute
mehr die Schülerzahl bis heute,
als Fehler, die der Lehrer macht.
Schadenfroh wird dann gelacht!
Wenn im Satz er sich verquasselt,
ist die Disziplin vermasselt,
und verrechnet sich der Meister,
wird der schwächste Schüler dreister
und denkt heimlich dann bei sich:
Er ist genauso dumm wie ich!

Manchmal kann es auch nicht stören,
wenn die Lehrer schlechter hören.
Führt der Zufall die Regie,
entsteht Komik wie sonst nie.
Dann Unglaubliches passiert,
was das Zwerchfell strapaziert.

Einen Fall ich jetzt erzähle,
aus der reichen Fülle wähle,
wie man ihn sonst nirgends las,
komisch bis zum Übermaß.
Die Episode ist sogar
bis ins Kleinste wirklich wahr:

Lehrer Zöpfel in Geschichte,
dass ich nun den Fall berichte,
war ein herzensguter Mann,
der die Stunde meist begann:
„Ihr hattet eine Hausaufgabe,
gibt's dazu noch eine Frage? –
Nein? – Fahr'n wir fort im Unterricht,
ausnahmsweise prüf ich nicht."

Alle atmen sichtlich auf,
das Weitere nimmt man in Kauf.
Wenn die Erfahrung jetzt nicht trog,
folgte nun ein Monolog.
Und tatsächlich: er dozierte,
zitierte Quellen und notierte,
kolorierte und agierte
an der schlecht geputzten Tafel –
für die Schüler war's Geschwafel.

Der Zöpfel findet's interessant,
die Klasse aber degoutant.
Er bespricht das Deutsche Reich,
den Schülern ist dies völlig gleich,
die „industrielle Revolution",
wen interessiert das heute schon?
Und die Bismarckschen Reformen
sind doch überholte Normen.
Ist ja alles so veraltet,
dass man rasch das Hirn abschaltet!

Dazu noch die schlimme Hitze,
jeder stöhnt, dass er so schwitze.
Müdigkeit erzeugt Unlust,
sieben Wochen vor August.
Während man vor sich hin brütet
und den Wunsch nach Ferien hütet
oder auf dem Stuhle döst,
einer Wachsamkeit auslöst.

Hartlieb – er sitzt hinter mir –,
im Sport ein Ass und eine Zier,
murmelt vor sich hin halblaut,
weil er sich so recht nicht traut:
„Zöpfel! Arschloch! Zöpfel Arschloch!"

Alle fangen an zu grinsen,
heimlich sie zum Lehrer linsen.
Der steht vorne ungestört,
weil von allem er nichts hört.

Doch der Hartlieb macht so weiter,
halblaut wiederholt er heiter
im Staccato monoton –
hört's der Zöpfel vorne schon?
„Zöpfel! Arschloch! Zöpfel Arschloch!

Der hört schließlich etwas doch,
versteht jedoch den Wortlaut nicht
und spricht mit strahlendem Gesicht,
da dem Schüler er vertraut:
„Ja, Hartlieb, sagen Sie's laut,
vielleicht ist's richtig!"

Die Disziplin ist null und nichtig,
alle prusten lauthals los,
die Heiterkeit ist allzu groß.
Gelächter lässt den Raum erschallen,
dringt durch die Zimmer in die Hallen.

Der Zöpfel, den jetzt Argwohn plagt,
verständnislos die Klasse fragt:
„Was müsst ihr denn so tierisch lachen?
Ich sagte doch ganz ernste Sachen!"

Man sieht, das Leben schreibt Geschichten,
da braucht man nichts hinzuzudichten.

Die verweigerte Hausaufgabe

Noch ein Stück kann ich erzählen,
muss dabei voll Sorgfalt wählen
Worte, die zwar nicht verhöhnen,
doch den Sachverhalt nicht schönen.

Zöpfel war voll Herzlichkeit,
doch als Lehrer nicht bereit,
bei Hausaufgaben nachzugeben.
Manchmal mussten wir erleben,
dass der Umfang war zu groß.
Ja, was dachte er sich bloß,
von einem bis zum nächsten Tage
– Widerstand kam nicht in Frage –
eine Abituraufgabe
einer Klasse aufzuzwingen? –
Wie sollte zeitlich dies gelingen?

Hatte er denn ganz vergessen,
wie die Zeit ist knapp bemessen
bei der vielen Fächerzahl,
die das Lernen macht zur Qual.

Jeder Lehrer **sein** Fach hält
für das Wichtigste der Welt.
Und wem dieses nicht gefällt,
dem wird das Leben arg vergällt!

Mein Freund Rainer litt gar sehr
unter Sprachen, denn vielmehr
liebte er das Rationale,
mathematisch Einsichtbare
einer steten Funktion, –
schrecklich war ihm die Version
aus der griechischen Lektüre,

und die englische Broschüre
nahm er überhaupt nicht wahr,
die war Nonsens: ist doch klar!
Doch die englischen Zensuren
hinterließen ihre Spuren,
auf und ab wie auf der Wippe
stand er leider auf der Kippe.
Weit're Worte lass ich sein
und steige ins Geschehen ein:

Wieder einmal hatte Zöpfel
nur das eig'ne Fach im Köpfel,
bei der Hausarbeit vergaß
gänzlich er das rechte Maß.
Niemand war ihm wohlgesinnt,
jeder sagte laut: „Der spinnt!"

In der Freizeit schlimm gestört,
jedermann sich rasch empört:
So auch ich zu Hause tobte
und den Aufstand kess erprobte:
„Diese Arbeit mach ich nicht,
lieber geh ich vor Gericht!"
Sprach's und legte mich auf's Bett, –
damals gab's kein Internet!

Dies ließ den Eltern keine Ruh
und sie mahnten immerzu,
doch vergeblich war der Ton,
störrisch blieb der eig'ne Sohn.
Schließlich gab die Mutter nach,
begab sich in ihr Schreibgemach,
um den Text zu übersetzen
und die Pflicht nicht zu verletzen.

Ja, sie hatte hohen Sinn,
war einst eine Streberin,
in der Schule immer Spitze,
nicht wie der Sohn, der faule Fritze!
Der nahm an die Geistesquelle,
fügte sie für alle Fälle
ein in seine Englisch-Akte,
die er in die Tasche packte.

Anderntags dann in der Schule
saß ich lässig auf dem Stuhle,
für das Äußerste bereit
und fühlte mich in Sicherheit.

Sieh da, in der Englischstunde
blickte Zöpfel in die Runde,
wen er lesen lassen sollte,
da sich keiner melden wollte.
Schließlich sagte er halblaut,
teils voll Strenge, teils vertraut:

„Let's correct your English lesson,
that is now in your possession,
Rainer surely is the next,
please begin to read the text!"

Der erbleicht im Angesicht,
denn er hat die „Hausi" nicht,
zuckt zusammen auf dem Sitz –
da hat er einen Geistesblitz:

„Dou dai Heft her! (gib dein Heft her)", sagt er leise, –
„Mensch, der hat doch eine Meise!",
denk ich mir, „dort gegenüber
steht der Zöpfel und schaut rüber!"

Wenn es nicht mehr weitergeht
und schlecht um den Betroffnen steht,
wird aus einem ruhigen Schüler
ein geriss'ner Pokerspieler.

Langsam hin zur Mitte rücke
ich das Heft, und listig bücke
ich mich in die Gegenrichtung
und entziehe mich der Sichtung
durch das strenge Lehrerauge,
hoffe, dass die List auch tauge.

Und der Rainer, was macht der?
In seinem Innern bebt er sehr,
doch nach außen bleibt er cool,
zurückgelehnt auf seinem Stuhl,
breitet er den Ordner aus,
holt einen alten Text heraus,
tut als sei's die Hausaufgabe,
die gefordert an dem Tage.

Großer Gott, das fliegt doch auf,
Furchtbares nimmt er in Kauf!
Dass der sich so etwas traut. –
Wenn der Zöpfel dies durchschaut!

Rainer schielt zu meinem Blatt
und, dass es den Anschein hat,
er habe selbst dies übersetzt,
fährt er mit dem Finger jetzt
entlang den eignen Linienzeilen,
liest dann, ohne sich zu eilen,
dreist die fremde Version –
noch dazu im richt'gen Ton!

Mein Gott. Dieser listige Lurch,
hoffentlich hält er dies durch,
denk ich mir und wie gelähmt,
blick ich auf mein Heft beschämt.
Wenn der Zöpfel uns bemerkt,
haben wir hier ausgewerkt.
Dazu drei verschied'ne Schriften,
geschrieben auch mit and'ren Stiften!
Gleich fällt dies dem Lehrer auf:
Schicksal, nehme deinen Lauf!

Zöpfel derweil konzentriert
nur das eig'ne Buch studiert,
gelegentlich nach oben blickt,
ansonsten anerkennend nickt,
da die Übersetzung gut,
ist er nicht auf seiner Hut.

Rainer gibt sich ganz gelassen,
beide können wir kaum fassen,
dass bis jetzt ist nichts passiert,
und machen weiter ungeniert:
Ich der Hehler, er der Stehler.

Da – ein Übersetzungsfehler! –
Zöpfel, der sonst gern doziert,
diesmal anders reagiert:
nähert sich in raschem Lauf –
o Gott, gleich fliegt der Schwindel auf –
hält inne – geht zur Tafel dann
und schreibt die Idiomatik an.
Mein Gott, bin ich jetzt geschockt,
dass mir noch der Atem stockt.

Doch den Rainer trifft dies nicht,
schaut dem Zöpfel ins Gesicht

und notiert die neuen Fakten
eiskalt in den eignen Akten,
ist nicht länger irritiert,
streicht was durch und korrigiert
seelenruhig im andern Text, –
beim Zuschaun bin ich schwer „perplexed".

Denn obwohl das Schlimmste drohte,
gab's zum Schluss die gute Note.

Ja, Fortuna mit dem Rade
übte diesmal mit uns Gnade,
und ihr strenges Racheschwert
ließ uns glücklich unversehrt.

Der Kotzer

Bei den Lehrern, die wir kannten,
war einer, den wir „Kotzer" nannten.
Denn wenn er vor der Klasse stand,
fast alles er zum „Kotzen" fand.

Zu spät ging er zum Unterricht,
der Stundengong betraf ihn nicht.
Kam er dann doch herauf den Gang,
so hörte man den Flur entlang,
der Klassensprecher rief es prompt:
„Passt auf, passt auf, der Kotzer kommt!"

War er dann da, begann der Rüffel:
„Was brüllt ihr denn so laut, ihr Büffel?
An eurer Stelle wär ich leis,
euch allen fehlt es nur am Fleiß,
ich sah's an eurer Schulaufgabe,
die vorhin korrigiert ich habe. –
Dabei hab ich nur abgefragt,
was ich euch jedes Mal gesagt! –
Fangt jetzt bloß nicht an zu motzen,
eure Leistung ist zum Kotzen!"

Grassiert im Jahr die Grippewelle,
so hasst er die Gefahrenquelle
und geht bei jedem auf Distanz,
doch gelingt ihm dies nicht ganz.
Wenn Schüler laut im Zimmer husten
und Viren in die Lüfte pusten
und ungeniert ins Tempo rotzen,
dann schreit er auch: „Das ist zum Kotzen!"

Er leitete die Bücherei
und echauffierte sich dabei:

„Das sind die übelsten Manieren,
die Lesebücher zu beschmieren
und den Inhalt zu bekritzeln
und die Bilder zu bewitzeln.
Zu Hohem ist der Mensch geboren,
vermeidet also Eselsohren!
Die Bücher werden eingebunden
und gut behandelt alle Stunden!
Strafe denen, die da trotzen.
Solch Benehmen ist zum Kotzen!"

Am Wandertag war er gemütlich,
der verlief in Eintracht gütlich.
Kaum dass die Wanderung begann,
gingen wir ein Wirtshaus an.
Am Tisch zusammen saßen wir,
erlaubt war jedem auch ein Bier,
diesbezüglich war er freier –
denn durch und durch war er ein Bayer.
Nur Kaugummi konnt' er nicht leiden,
den aufzublasen war zu meiden!
„Was fällt euch ein, ihn auszuspotzen![1]
Dies Benehmen ist zum Kotzen!"

Den Spickern ging er an den Leib,
der Nachweis war ihm Zeitvertreib:
Er vergleicht die Schulaufgaben,
ob welche abgeschrieben haben,
wie Sherlock Holmes und Dr. Watson,
denn Spicken findet er zum Kotzen.

Gedichte trug er manchmal vor,
doch was er las, ging nicht ins Ohr.
Wir suchten andres Amüsement,

---

[1] Fränkisch für: ausspucken

dies war gelegentlich dann so:
Wir blickten in den Hof hinab,
vielleicht spielt sich dort etwas ab?
Und was man sah, war interessant,
der Anblick reizvoll und pikant.
Der Kotzer wütend reagierte,
als er den Sachverhalt kapierte:
„Hört auf, den Mädchen nachzuglotzen,
ihr verhaltet euch zum Kotzen!"

Ein Grinsen kann er nicht verhehlen
und, da die Vorhänge ja fehlen,
sieht er durch's Fenster an die Schönen, –
da hört von hinten man ertönen,
während drunten an dem Ort
die Mädchen üben sich im Sport
und im Dress mit Kurven protzen:
„Herr Lehrer, finden's die zum Kotzen?"

DIE HALBSTARKEN

Ach, wo ist die Zeit dahin,
als Idol war noch James Dean,
als die Jugend Aufstand probte
und mit Mopeds sich austobte,
deren dröhnende Motoren
schreckten auf die Bürgerohren,
und die Jeans und Lederjacken
waren sichtbare Attacken
auf die deutsche Disziplin:
diese stand vor dem Ruin.

Verbreitet waren Jugendbanden,
die sich rasch zusammenfanden
auf den Straßen und in Parken,
man nannte sie die „Halbstarken".

Fast wie eine Ewigkeit
kommt mir vor die Nachkriegszeit,
die zurückliegt schon Jahrzehnte,
nicht, dass ich herbei sie sehnte!
Denn sie war durchwegs brutal,
Nostalgie wäre fatal!

Rockmusik und harte Kerle,
Fußball mit der Schwarzen Perle,
Elvis Presley, Ludwig Erhard,
Kalter Krieg als Gegenwart,
und der alte Adenauer
war bereits ein Gassenhauer.
Nitribitt sorgt für Skandale,
und die Jugend übt Randale:
Bei Bill Haley im Gewühle
flogen hoch die Polsterstühle.

Wer getreten wird zu viel,
braucht zum Ausgleich ein Ventil,
meistens richtet sich die Rache
gegen Schuldlose und Schwache.

Doch wie stand es um die Schule?
Schüler gab's auch damals coole,
lässig sein und renitent,
das war allseits Schülertrend. –
Streng ging's zu im Unterricht,
Rücksicht nahm man meistens nicht,
bei manchen merkte man auch gleich:
Der war Soldat im Dritten Reich!
Der Ton war klar, nie ordinär,
doch im Wesen autoritär.

Die Schüler hielten fest dagegen,
benahmen sich, wenn's ging, daneben
mit altbewährter Strategie:
auf Schülerstreiche sannen sie.

Fühlt unterdrückt man sich im Haus,
wischt man dem andern gern eins aus!
Am besten kann man sich meist rächen,
nützt man am andern dessen Schwächen.

Wir hatten eine Lehrerin,
dass ich mit dem Fall beginn,
die uns im Fache Kunst „voll" nervte
und uns Blockschrift stur einschärfte:
den Schriftzug hoch, den Schriftzug ab –
Mein Gott, was das für Frust ergab!
Und dies in einer neunten Klasse!
Wie sehr ich Blockschrift seitdem hasse.

Den Text beim Schreiben man selbst wählte,
nur wie man schrieb, nur dieses zählte!
So half ich mir und schrieb ganz keck
und nahm den Anlass mir zum Zweck:
„Blockschrift ist doof, Blockschrift ist blöd,
wer sie erfand, ist hohl und öd."
oder: „Blockschrift ist langweilig und doof,
lieber gehe ich zum Schwoof."
oder: ich stabte[2], leimte, reimte:
„Nichts für Schüler ist so schlimm
wie im Unterricht Klimbim!
Caramba, Casamba, Catanga,
Cojudo, Cochudo, Cotschudo!"[3]
oder: „Schickt nach Hause die Sieglinde,
damit ich meine Ruhe finde!"

Sieglinde, so hieß diese Frau,
unscheinbar, die Haare grau,
feingliedrig, eher zart,
leicht chaotisch in der Art.
Hilflos wirkte, was sie tat,
denn ihr fehlte das Format.
Und sie revanchierte sich
auf fiese Art gelegentlich,
wie schwache Lehrer immer drohten:
Wer nicht pariert, kriegt schlechte Noten.

Es war am ersten Februar,
vorüber schon ein halbes Jahr,
ungläubig hielt ich in der Hand
das Zwischenzeugnis, worin stand
in Kunst die Note „mangelhaft",

---

[2] schrieb in Stabreimen
[3] spanisch-portugiesische Schimpfwörter

amtlich zu lesen schwarz auf weiß,
ich wurde blass, dann war mir heiß.

Zu Hause folgten harte Stunden,
bis der Grund war aufgefunden.
Tadel, Häme, langes Schelten –
Ausreden ließ man nicht gelten –
Trotzreaktion mit Racheschwüren, –
wohin sollte all dies führen?

Am andern Tage wurde klar,
dass ich nicht alleine war,
Sieglinde hatte sich betätigt
und noch andere geschädigt.
Spontan ergibt sich eine Gruppe,
die wird zur Verschwörer-Truppe:
„Das verzeihen wir ihr nie,
hundsgemein und falsch ist sie,
hinterlistig, widerwärtig,
nächste Stunde mach mer s[4] fertig!"

Die Rachestunde kam heran,
doch war es nicht so leicht getan.
Auch wenn es nach Vergeltung roch,
wir brauchten einen Anlass noch.
Gespannt saß jeder an der Bank,
die Nerven lagen längst schon blank.

Sieglinde spürt sogleich den Hass,
vorne steht sie leichenblass,
vor ihr sieht sie eine Meute,
ob sie die Noten schon bereute?
„Passt mal auf", begann sie jetzt,
„ich hab euch immer doch geschätzt.

---
[4] Hochdeutsch: machen wir sie

Manches ist nicht gut gelaufen,
wir müssen uns zusammenraufen.
Lasst uns die Zukunft besser machen!"
Die Antwort war ein böses Lachen.
„Hört, hört", rief ich, „sie seift uns ein,
darauf fallen wir nicht rein!"
Gelächter, Pfiffe, lautes Zischen,
Gegröle, Buhrufe dazwischen,
deren langgezog'nes „Uuh"
furchterregend kommt hinzu
und ein wüstes Fußgetrampel, –
schon schwingt leicht die Deckenampel.

Vorne wankt die Lehrerin
ängstlich mit verstörtem Sinn.
„Hört auf, hört auf! Aus! Ruhe!
Hört doch zuerst, was ich tue!
Lasst uns über alles sprechen!"

Doch zu spät. Die ersten Frechen
von den Jungen woll'n sich rächen:
Die Knie unters Pult geschoben,
den Tisch ein wenig angehoben,
mit leichter Kraft nach vorn gedrückt,
mit dem Stuhle nachgerückt,
dringen sie nach vorne vor,
geräuschlos, kaum was hört das Ohr,
gleichmäßig langsam wie die Schnecken,
der Anblick lässt das Herz erschrecken,
die Hände liegen auf der Platte,
so dass es fast den Anschein hatte,
als würde gar nichts hier geschehen,
nur der Abstand ließ ersehen,
wie weit man sich nach vorn bewegte,
welchen Weg zurück man legte.

Sieglinde sieht sich eingekreist,
bleich das Antlitz – wie vereist –
weicht sie auf ihr Pult zurück,
das in der Nähe steht zum Glück.
Festgekrallt an der Lehne,
blickt sie auf die Horrorszene.

„Bleibt stehen! Stehen bleiben! Ich hole den Direktor!"
Das saß. Das ging uns allen in das Ohr:
der Direktor. Tyrannosaurus rector,
wer hatte da nicht Angst davor!
Sieh da, die Tische bleiben stehen. –
Wie würde es jetzt weitergehen?

Jetzt galt es besser, abzuwiegeln
und am Tisch sich einzuigeln.
„Habt ihr euch endlich ausgetobt
und den Aufstand ausgeprobt?
Fangt bitte mit der Arbeit an!"

Ruhig zu werden es begann
und der Sturm schien sich zu legen,
gab es Grund, sich aufzuregen?
Wir tauchten brav den Pinsel ein
und malten Lettern groß und klein.

Pitsch – mir fällt das Glas jetzt um,
ich stelle mich unschuldig-dumm.
Sieglinde meidet eine Rüge,
doch ihr Blick spricht zur Genüge.
Morgen wird sie mich verpfeifen
und im Lehrerzimmer keifen.
Dann geht gegen mich die Hetze,
ich kenne doch die alte Petze.

Ich werde nicht allein gelassen,
andere ein Herz sich fassen,
werfen Wassertöpfe um,
Sieglinde sieht's entsetzt und stumm,
schreitet nicht dagegen ein,
lässt die Strafen vorerst sein,
sitzt am Lehrerpulte statisch,
schaut uns zu, schon fast apathisch,
wie wir grinsend sauber machen
die Schweinerei der Wasserlachen.

Damals hatte man in Schicht
am Nachmittage Unterricht.
Von dreizehn bis um achtzehn Uhr
dauerte die Schultortur.
In Kunst blies man zur letzten Runde,
es war die fünfte, sechste Stunde.
Im Winter brannte da schon Licht,
die Vorhänge geschlossen dicht.

Knips – das Licht ist aus – stockdunkel:
Wie sagt man? – gut für ein Gemunkel!
Gejohle, Gelächter, Tumult,
Sieglinde kreischt vor Ungeduld:
„Licht an! Licht an! Wer hat das getan?"
„Suchen's nan[5] doch! Arschloch!
Buh! Buh! Blinde Kuh!"
„Licht an! Licht an!" – „Mir[6] tun dir nix!"
Hohngelächter – „Von dir woll'n mir nix!"

Das Licht geht an, – vorbei die Tricks,
Sieglinde lehnt am Wasserbecken,
ihr Anblick konnte uns erschrecken,

---

[5] Hochdeutsch: ihn
[6] Hochdeutsch: wir

kalkig-weiß in ihrem Kleid,
auf einmal tut sie mir sehr leid.

Ich zeige auf den Wasserhahn,
da hängt ein weißes Gummi dran,
zunehmend füllt sich der Ballon,
wird rund und groß, gleich platzt er schon!

Pfitsch – das Gummi rutscht vom Rohr,
ein Wasserschwall schwappt satt hervor
und trifft Sieglinde hinten so,
dass durchnässt wird sie am Po.

Wir schauen zu – und sind nicht froh,
die Grenze seh'n wir irgendwo,
jeder fühlt mit ihrer Nässe,
weiß, dies waren üble Späße!

Sieglinde hat dies Ungeschick
gebrochen schließlich das Genick.
Weinend saß sie auf dem Stuhle,
es graute ihr vor dieser Schule,
und hoffte auf das Stunden-Ende,
dass endlich sie Erlösung fände.

Nach Hause gingen wir betroffen,
es stand doch manche Frage offen.
Keiner hat dabei gelacht,
wir hatten sie – zu klein gemacht.

Ein Gegenbild: Der Humanist – Otto Jakob

Zu uns Schülern war er gütig,
verständnisvoll, nie zorneswütig,
als Mensch, als Lehrer liebenswert,
daher von Schülern hoch verehrt.

In seiner Klasse herrschte Friede:
Es gab nur Meinungsunterschiede!
Jeder wurde ernst genommen,
doch hat nicht jeder Recht bekommen.

Dem Leben und der Wissenschaft
galt seine ganze Schaffenskraft.
Seit dem Krieg ein Pazifist
war von Herzen er Gräzist.

Für ihn gelebter Katechismus:
Melanchthon und sein Humanismus,
von Weizsäcker und Sokrates,
Homer und Aristophanes,
Albert Schweitzer, Papst Johannes.

Das Leben sah er wie Terenz
und pflegte dessen Vers-Sentenz:
Nichts Menschliches war je ihm fremd,
die Wahrheit sprach er ungehemmt.

Dies betraf das Dritte Reich
und die Gegenwart zugleich.
Der Krieg war ihm ein Feuerbad,
er überlebte Stalingrad,[7]

---

[7] Er verlor ein Bein und wurde aus dem Kessel von Stalingrad ausgeflogen.

stand aufrecht auf der Beinprothese
und lehrte uns die Anamnese[8]
und antike Poesie, –
uns gescholten hat er nie!

Die Antike war ihm Seele,
„Human sein!" mahnt uns seine Stele.

---

[8] Anamnese, Anamnesis: Platons Lehre von der Rückerinnerung der Seele an das Gute, Wahre und Schöne

HANS ENDEN

Gerne würde ich Grüße senden
an meinen lieben Lehrer Enden,
der bereits zu meinem Leid
angehört der Ewigkeit.

Mit hintergründigem Humor
Kafka, Goethe und Nils Bor
Metaphysik
lehrte er mit klarem Blick.

Er war kein großer Taktiker,
kein Unterrichtspragmatiker,
vielmehr zeigten Denkanstöße
den Schülern seine Geistesgröße.

GEORG SCHMERLER

Seiner muss ich oft gedenken:
Er verstand es, Sinn zu schenken
mathematischen Funktionen
und formalen Axiomen.

An der klassischen Physik
zeigte er mit viel Geschick
menschlichen Erkenntnisdrang,
Wissensstreben ohne Zwang.

Die Leistungsforderung war hoch,
wir haben oft gestöhnt – und sind doch
versöhnt: er hat das Wichtigste gegeben –
Vorbereitung auf das Leben!

Frau Müller

Nein, das hätt ich nicht gedacht,
dass Frau Müller so was macht:
In der Schule raffiniert,
trickste sie ganz ungeniert.
Damals in den alten Zeiten
zeigte sie ganz and're (die wahren?) Seiten.

Wenn das Fach Latein sie störte
und der Lindner nicht aufhörte,
sie verbal zu schikanieren
und mit Formen zu traktieren,
griff sie frech zu einer List,
die bis heute wirksam ist:

Hast den Text du nicht studiert,
bist du mal nicht präpariert
und im Unterricht ganz blank,
dann stell dich einfach furchtbar krank!

Dieser Regel folgte sie
und vergaß dabei auch nie,
sich entsprechend herzurichten,
darauf darf man nicht verzichten!
Einem bleichen Angesicht
misstraut der ärgste Lehrer nicht.

Im Gesicht ein wenig Kreide,
glaubte man ihr, dass sie leide,
leicht und schwach nur aufgetragen,
um die Augen Schatten lagen,
grünlich-weiß, die Wangen blass, –
auf diese Mischung war Verlass.

Denn die alten Junggesellen
haben psychisch schwache Stellen,
sieht sie flehend an ein Mädchen,
spiel'n verrückt im Hirn die Rädchen.
Denken sie „die armen Dinger",
wickeln die sie um den Finger.
Ja, die jungen Mädchen schnellen
leicht die alten Junggesellen!
Selbst der Lindner wurde schwach
und sprach zu ihr: „Mein Gott, ach,
Kind, geh doch sogleich nach Haus
und kurier die Krankheit aus!"

Doch die Christa war zu schlau,
denn sie wusste sehr genau,
die Mutter fällt darauf nicht rein:
Das lass ich doch mal besser sein!

Also gibt sie sich heroisch
und bleibt in der Schule stoisch,
spricht: „Ich geh ins Sekretariat,
weil man dort Tabletten hat,
die helfen meistens ziemlich schnell,
ich komm zurück dann wieder, gell!"

Der Lindner nicht die Tücke spürt
und ist im Herzen tief gerührt:
Es gibt sie doch, die alte Tugend,
selbst heute noch in uns'rer Jugend!

Inzwischen in dem Sekretariat
die Christa um ein Mittel bat.
„Ach", sagt man dort, „wenn's nicht wird schlimmer,
leg dich doch ins Krankenzimmer!
Wir haben keine and're Wahl,
das weißt du doch – vom letzten Mal!"

Die Sekretärin lächelt leicht,
ach, wie sich doch das Leben gleicht!
Die Christa liegt am Kanapee
und schlürft genüsslich Früchtetee –
die andern üben sich, wie fein!,
im heißgeliebten Fach Latein.

Die Turnstunde

Frisch, fromm, fröhlich, frei:
O dass das Turnen doch so sei!
Doch ist es meistens ohne Frage
für viele Menschen eine Plage.
Nur dem alten Vater Jahn
hat das Turnen gut getan.
„Leibeserziehung" hieß früher das Fach,
ein vormilitärisches Ungemach.
Heute ist dies Schreckenswort
neu benannt und heißt jetzt Sport.

Jene Unterrichtsstrapaze
war ein Leibes-Kamikaze,
und wir haben oft gestöhnt,
wenn der Lehrer vorne frönt
seiner Lust zu kommandieren,
und wir mussten aufmarschieren
in Zweier-, Vierer-, Achterreihen,
und er konnte wütend schreien,
hielten wir nicht Disziplin –
die war damals Schul-Doktrin.

Es begann mit dem Warmlaufen,
da schon mussten wir tief schnaufen,
dreht man Runden durch die Halle,
hört man dröhnen sie im Schalle,
und Herr Mürbs schrie: „Knie hoch!" –
Masochismus war dies doch!
Ein Knie nach oben unnatürlich,
den Hintern tiefer ungebührlich,
hopsten wir wie's Känguru, –
und Herr Mürbs? – der grinst dazu.

Die Wade zwickt, der Rücken zieht,
ich warte ab, was nun geschieht.
„Die Fersen hoch, nach oben schlagen!"
Ah, jetzt darf ich es ja wagen,
nach hinten treten wie ein Pferd –
im Unterricht wird's uns gelehrt.
Ich schlage weit nach hinten aus
und mach mir einen Spaß daraus:
Der Hintermann ist dicht daran,
ob der zur Seite springen kann?

Der Mürbs schreit: „Ihr müsst Abstand halten!"
Die ersten aufeinanderprallten,
der Rundlauf kommt jetzt fast ins Stocken,
man sucht den andern abzublocken.
Im allgemeinen Volksgetümmel
schützt jeder erst mal seinen Pimmel,
wenn einem einer da reinhaut,
dann wär dies sicher der Knock-out.
Herr Mürbs brüllt laut: „Ihr blöden Ochsen!
Hört sofort auf, euch zu boxen!"

Vorbei ist nun der erste Schrecken,
doch was jetzt kommt, wir längst schon checken:
„In Achterreihen vorwärts laufen!" –
Er gönnt uns einfach kein Verschnaufen. –
Wir drehen nochmals eine Runde,
dann hören wir die böse Kunde:
„Ab jetzt nur in die Mitte gehen,
ihr bleibt in Marschordnung dort stehen!
Die äußer'n Glieder geh'n zur Seite
und öffnen sich hin in die Breite!"

Mein Gott, denk ich, nun ist klar,
es kommt, was zu erwarten war:

„Seid bereit zur Körperschule!" –
Körperschule ist für Schwule,
denk ich, wenn da Mädchen wären,
dann könnte so was man begehren,
da hüpfte vorne was und hinten,
woran ich Freude würde finden.
Doch die fade Schulgymnastik,
da fühle ich mich wie aus Plastik!

All die Knie- und Rumpfesbeugen,
uns Arthrose nur erzeugen,
Arme ausgestreckt nach oben –
und hinabgeführt zum Boden,
auf!, auf!, nachgewippt,
ab!, ab!, aufgetippt,
streck!, streck!, wo ist der Zweck?
Patsch!, patsch!, so ein Quatsch!
Besser wär, man ließ es bleiben,
denkt doch an die Knorpelscheiben!

„Der Mürbs", so mein ich, „macht uns mürbe,
o wenn er doch an Faulheit stürbe!"
Steht dort vorne mit Manschetten,
klappt den Takt mit Kastagnetten,
bewegt sich nicht und macht nichts vor,
und wir gehorchen wie im Chor:
Klapp: auf!, Klapp: ab!
und hält dauernd uns auf Trab.
Das ist ja wie beim Militär,
fehlt nur noch das Sturmgewehr.

Herr Mürbs verändert seinen Standort
und spricht noch ein gewichtig Machtwort,
indes des Kommenden wir harren:
„Holt vom Nebenraum die Barren!
Dazu auch noch die Bodenliegen

und stellt Euch auf in Turnerriegen!" –
Müssen wir an Barren schwingen,
weil die Ahnen daran hingen,
wie an Ästen turnen Affen,
die als Vorfahr'n uns geschaffen?

Das Folterwerkzeug steht bereit
und erzeugt Verdrossenheit.
Herr Mürbs, inzwischen wohlbeleibt,
seit langem keinen Sport mehr treibt.
Er ruft den besten Turner auf,
nimmt unser Grinsen ruhig in Kauf.
„Wir üben jetzt den Oberarmstand,
zwei Helfer an den Mattenrand!
Schaut dem Dieter zu und seht,
wie der Oberarmstand geht!"

Anlauf nimmt jetzt Dieter Müller,
wie der turnt, das ist ein Knüller:
Hechtet in die Holmen, schwingt,
dass der Barren leis erklingt,
in den Achseln, macht die Kippe
und verzieht nicht eine Lippe,
pendelt weiter in der Stütze,
nimmt den Restschwung sich zu nütze,
rollt auf Schultern in den Stand,
drückt sich hoch mit starker Hand.

Da steht er nun wie eine Kerze,
mir vergehen meine Scherze.
Wie der abrollt, grätscht und spreizt,
und zum Schluss die Hocke reizt
uns zu staunendem Applaus.
Die Hände angelegt, Brust raus
haut die Haken er zusammen,
Formen, die aus Zeiten stammen,

die wir vermissen nicht zu sehr:
Der geht bestimmt zur Bundeswehr!
Die Klasse spricht als Beifall „Aaah!"
Der Mürbs grunzt wohlwollend ein „Ja." –
So, jetzt sind wir andern dran,
jeder hilft sich wie er kann.
Die Stunde wird bald zur Groteske,
oder auch zur Humoreske:
Das Schicksal trifft den dicken Jochen,
dem sitzt die Angst tief in den Knochen,
er schreitet an die Barrenschiene,
als ginge er zur Guillotine.

Hat man gute Kameraden,
geht der Mensch so leicht nicht baden.
Wir helfen, zerren, wuchten, stemmen,
scheint er doch fast festzuklemmen,
während er am Barren schwingt.
Ein Stöhnen von den Lippen dringt,
er könnte einen fast erbarmen,
als er auf den Oberarmen –
den Kopf nach unten puterrot –
ächzt und stöhnt in großer Not.

Doch er muss noch mit den Füßen
nach oben hin die Decke grüßen!
Welche Plage für den Jochen,
man hört ja fast sein Herz schon pochen!
Wir schreien „Hopp! Los! Rauf!"
Da quält er endlich sich hinauf,
wir leisten schwitzend Hilfestellung –
der Jochen hat schon manche Prellung –
und steht oben kurz und schwankt:
ein jeder um den Jochen bangt.

Sieh! Jetzt kippt er ab nach hinten,
dort kann er keinen Halt mehr finden,
viel zu schwer ist sein Gewicht, –
auch links zwei, rechts zwei reichen nicht, –
er reißt uns um mit seiner Masse,
vergeblich ich die Füße fasse,
und mit einem lauten Krach
und einem ebensolchen „Ach!"
schlägt auf den Barren unser Jochen,
dass ein Holm sogleich gebrochen.

Da wir den Stand verloren hatten,
platscht er weiter auf die Matten,
bleibt hier liegen wie die Flunder –
und siehe da! – es ist ein Wunder,
schwer lädiert kommt unser Jochen
auf den vieren angekrochen,
am Innenschenkel einen Striemen
von der Breite eines Riemen.
Jochen, nun ist es passiert,
ab sofort bist du kastriert!

Vorwort zur Gegenwart

Betrachten wir die Gegenwart!
Verändert ist der Schüler Art:
Schülerstreiche sind ganz selten,
dies mag allgemein so gelten. –
Schade, möchte ich fast sagen,
es wäre gut in uns'ren Tagen,
würde man mit mehr Ideen
in den Unterricht mal gehen.

Wer nur strebt nach guten Noten,
wird sehr rasch zum Fachidioten.
Der vor allem zeigt Genie,
dem etwas einfällt con esprit.
Erwähnt sei jetzt daher sogleich
ein absolut genialer Streich.
Er wird auch immer funktionieren,
jeder kann es ausprobieren.

Inzwischen bin ich selbst ein Lehrer,
der deutschen Klassik ein Verehrer
und dazu auch des Latein,
der Poesie ganz allgemein.
Was ich als Lehrer so erlebte,
als Pädagoge auch anstrebte,
erzähle ich im Pseudonym:
„Latinus" sei nun mein Kostüm.

Ein System hat abgedankt,
das zuvor bereits gewankt.
Nach diversen Schulreformen
setzte man auf neue Normen:
Oberstufe als Kolleg
erschien uns als der beste Weg.
„Curriculum" hieß nun die Leiter.
Nur: Die Schüler wurden nicht gescheiter!

Eines bleibt stets unbestritten:
Änderung gilt nur den Sitten.
Der Mensch jedoch bleibt, wie er war:
gewaltsam und doch wunderbar,
in den Genen teils brutal,
teils voll Liebe und genial.
Damit bin endlich ich beim Thema
und beginne nun mein Rhema:[9]

---

[9] Rhema: griechischer Begriff für „Rede, Erzählung"

DER CD-PLAYER

Latinus kommt ins Klassenzimmer
und hat nicht einen leisen Schimmer
von dem, was längst die Klasse plant,
jedoch als ob er etwas ahnt,
spricht er knapp und couragiert:
„Ich hoffe, Ihr seid präpariert
für die neue Lektion,
den Wortschatz kennen wir ja schon."

Gewöhnlich folgen sie mit Blicken
widerwillig wie die Zicken.
Denn eine Cäsarsatzperiode
nervt manche Schüler fast zu Tode.
Ja, läse man doch Asterix!
Der echte -rix[10], der bringt doch nix!
Die Sätze sind fünf Zeilen lang,
beim Anblick wird uns angst und bang!

Latinus spricht jetzt wie ein Mantis:[11]
„Mit Latein hat's die Bewandtnis,
es fördert strukturiertes Denken,
man muss sich in den Text versenken,
jedes Satzglied konstruieren,
dann kann ich euch fest garantieren,
ihr schult daran den deutschen Stil,
Latein bringt ungeheuer viel!"

Es folgen weitere Tiraden,
Latinus predigt gern in Suaden:
„Selbst der Inhalt ist Gewinn,
zur Gegenwart führt er uns hin:

---

[10] Historische Namen wie Orgetorix, Dumnorix, Vercingetorix
[11] Mantis: griechisches Wort für „Prophet, Seher"

Bedenkt die Cäsarstrategie,
zeitlos-gültig war und ist sie,
die Kesselschlacht als Grundmodell,
im Golfkrieg war sie aktuell!"

Das hätte er nicht sagen sollen!
Die Mädchen sind daran zu schmollen:
Sie wollen nichts von Schlachten hören,
die das Leben nur zerstören.
Ovid mit seiner „Liebeskunst"[12]
genießt bei ihnen hohe Gunst.
Catull und seine Liebesschwüre,[13]
das ist lohnende Lektüre!

Die Jungen finden's interessant.
Längst schon haben sie erkannt,
wie gern Latinus als Stratege
an der Tafel Angriffswege,
die „Schiefe Schlachtordnung" erklärt,
in Taktik Einblicke gewährt.
Er bespricht dies jedes Jahr,
obgleich er nie ein Cäsar war.

Amüsiert hört man ihm zu:
solang er redet, hat man Ruh! –
Doch siehe, nun ist es soweit,
vorbei ist die Geruhsamkeit,
denn es folgt, was niemand schätzt:
jetzt wird Cäsar übersetzt.
Als ob nicht reichte das Latein,
muss es gutes Deutsch noch sein!

---

[12] Ovid, ars amatoria
[13] Catulls Gedichte an seine Geliebte Lesbia

Latinus ahnt nicht das Komplott, –
die Übersetzung geht recht flott,
die Mitarbeit ist ungewöhnlich,
Latinus nimmt dies ganz persönlich.
Wie geht der Unterricht heut schnell!
Es leuchten seine Augen hell:
Wie viel hab ich euch beigebracht,
was hab ich Mühe mir gemacht!

Sie übersetzen Satz für Satz
und pflegen ihn als einen Schatz,
der Welt ein kulturelles Erbe,
o dass ein jeder es erwerbe!
Latinus spricht: „Ihr seid gut drauf,
drum geb ich euch nichts Neues auf.
Wie schön ist heut der Unterricht,
so inhaltsreich und sprachlich dicht!

Beachtet bitte die Rhetorik,
schult euch an der Wortmotorik,
hört zu" – Ding-Dang-Dong,
unterbricht der Stundengong –
„Uns kommt der Gong in die Parade",
spricht Latinus, „schade, jetzt gerade! –
Dann lehr ich morgen euch Rhetorik,
verrate euch so manchen Trick!"

Er verlässt das Klassenzimmer,
eilt den Gang entlang wie immer,
dass er keine Zeit versäume.
Still sind noch die Klassenräume,
wo ist das Trampeln und das Lärmen,
wenn Klassen aus den Zimmern schwärmen?
Latinus stutzt, schaut auf die Uhr,
da erfasst ihn Staunen pur:

Ihm fehlen fünf Minuten noch!
Wie kann das sein, er hatte doch
ganz deutlich, denkt er jetzt verstört,
den Stundengong vorhin gehört!
Er überlegt verzweifelt, lauscht:
Hier wurde etwas ausgetauscht!
Die andern halten Unterricht,
wie es meiner Uhr entspricht!

Der Sache mach ich den Garaus,
denkt er und läuft empört durch's Haus
zu seiner Zimmertür zurück
und öffnet sie ein kleines Stück:
Da sieht und hört er, wie sie lachen.
Dem werde ich ein Ende machen!
Begeh jetzt nicht noch einen Fehler,
sei vor allem kein Krakeeler!

Mit einem wirkungsvollen Auftritt,
so überlegt er, sind wir quitt.
Gelassen tritt er durch die Tür
mit Beherrschung und Gespür.
Die Klasse ist nun totenstill,
gespannt, wie er agieren will.
„Das war eine Glanzidee,
fast einmalig, wie ich seh.

Habt Ihr den Gong neu programmiert?"
fragt Latinus indigniert
und blickt dabei zum Klassensprecher, –
der geht nach vorne immer frecher,
schiebt die Tafel weit nach unten
und sieh! die Lösung ist gefunden:
Da glänzt ein Player für CD,
ein Tonband war die Grundidee!

Der Klassensprecher gibt bekannt:
„Wir haben die CD gebrannt.
Nach vierzig Minuten Wartezeit
ist es endlich dann soweit:
Es erklingt das Ding, Dang, Dong
und jeder meint: Es ist der Gong!"
Latinus spricht zum ersten Mal:
„Dieser Coup ist genial!"

BILDUNGSBÜRGER

Fröhlich macht die Wissenschaft,
hat man dazu die Geisteskraft,
doch mancher möchte gern verhehlen,
dass ihm dazu Synapsen fehlen.

Das Lernen jedoch kinderseits
entbehrt für viele jeden Reiz,
wo doch die Eltern ihrerseits
voll schöner Pläne sind bereits.

Zu vermeiden die Blamage
geraten Eltern schnell in Rage.
Denn wird das eig'ne Kind geschasst,
bei Nachbarn wird scharf aufgepasst.

Besonders schlimm, wenn Chef man ist,
dann solches an der Seele frisst:
Erkennen, dass, wer untergeben,
bei seinen Kindern überlegen!

Da hilft nicht der Mercedes-Benz,
verloren ist die Konkurrenz.
Ein Wettbewerb ist ärgerlich,
entscheidet man ihn nicht für sich!

Der Vater spricht jetzt lapidar:
„Unser Fall ist sonnenklar.
Wenn wir schlechte Noten kriegen,
kann's nur an den Lehrern liegen!"

In diesem Falle ist es gut,
man sucht ein Bildungsinstitut,
Nachhilfeunterricht,
so nannte früher man das schlicht.

Ja, man spart nicht an dem Gelde,
dass der Sohn / die Tochter was Bess'res melde!
Denn fehlt dem Kind das Notenglück,
wie schnell schließt man auf uns zurück!

Dort büffeln sie dann Paragraphen,
die sie im Unterricht verschlafen,
und gern zu Haus hört man die Kunde:
Er / sie hat erreicht die nächste Runde.

DIE STREBERIN

Für die Klasse kein Gewinn, –
auf Eigennutz steht ihr der Sinn!
Im Unterricht erschreckend tüchtig,
ist sie längst schon magersüchtig:
Die Zeit fehlt ihr zum reichen Essen,
auf Noten ist sie nur versessen.

Das Lernen treibt sie egomanisch,
benimmt sich dabei psychopathisch,
nur sie darf an der Spitze stehen,
die andern will sie unten sehen.

Perfekt will sie in allem sein:
in Mathe, Englisch und Latein,
Geschichte, Deutsch und Biologie,
Französisch, Sport und auch Chemie,
und in der praktischen Physik
liefert sie ein Meisterstück.

Die Streber nur Triumphe feiern,
wenn sie die meisten Punkte „geiern"[14]:
Am Inhalt mäßig interessiert,
der Noten wegen wird studiert.

Doch gewollte Perfektion
wirkt umgesetzt oft komisch schon.
Früher sah die Streberin
nicht auf ihre Kleidung hin,
die hing an ihr wie eine Zottel, –
heute gibt sie sich als Model!
Sie hätte gern die Schönheitsnormen
und stylt sich auf die platten Formen.

---

[14] Schülerjargon für „erhalten"

Das Haar blondiert, hoch auftoupiert,
die Nägel rot, mal schwarz, mal blau,
spielt sie noch die tolle Frau.

Als Berufsziel nennt sie schnell:
„Ich studiere BWL!"
Doch meistens sagt die Streberin:
„In Frage kommt nur Medizin!"

Was wird da mal aus den Patienten,
wenn sie in solchen Händen enden!
Und die große Managerin
strebt doch nur nach Geldgewinn!

Eines jedoch sei uns Trost:
im Leben wird stets neu gelost.
Wer glaubt, das Leben läuft nach Plan,
den werfen and're aus der Bahn.

Ja, es gilt, dass Klassenstreber
selten sind Ideengeber.

Der Minimalist

Fürwahr ein echter Realist,
dem Strebertum ein Fremdwort ist!
Sein Einsatz läuft auf kleinen Quoten,
er hält sich an die Durchschnittsnoten
und lernt nur auf die Schulaufgaben,
ansonsten will er Freizeit haben.

Da sitzt er dann vor dem Computer,
vernetzt im Haus den neuen Router,
installiert die Actionspiele,
denn sein Dasein dient dem Ziele:
Ich liebe den Computerschirm,
im Internet fühl ich mich firm!

Am Bildschirm gibt er sich genial,
jedoch die Software ist banal:
Stundenlang spielt er dort Soccer,
mimt am Pokertisch den Zocker,
mit virtueller Strategie
zwingt er die Gegner in die Knie.

Zum Lernen hat er wenig Bock,
dröhnt aus den Boxen laut der Rock.
Verlässt er endlich den Computer,
fährt er gerne Autoscooter
oder tobt sich aus inline
mit dem neuesten Design.

Zweimal die Woche geht er jobben,
das Geld braucht er, um gut zu shoppen,
da wichtig sind die Markenwaren,
am Outfit darf man niemals sparen!

Zum Lesen treibt ihn keine Eile:
das verbreitet Langeweile.
Sehr lästig sind ihm Schullektüren,
deren Sinn kann er nicht spüren. –
Was will denn dieser Autor bloß,
da ist doch überhaupt nichts los!

Am Samstag läuft er auf zur Form
und sprengt dabei die Spießer-Norm.
Nachts halb zehn bis viertel drei
ist er bei Partys voll dabei,
bringt sich ein als Döner-Käufer
und manchmal auch als Koma-Säufer.

Montag früh ist Katzenjammer,
jetzt trifft ihn hart der Schulpflichthammer:
Die Hausaufgaben nicht gemacht,
so weit hat er nicht gedacht,
ach, hätte er sich vorbereitet! –
Prüfungsangst sich nun verbreitet.

Am liebsten bliebe er im Bette,
doch mit einer Schmerztablette
treibt ihn die Mutter aus dem Linnen:
Der harte Schultag wird beginnen.

An seinem Platz jetzt gottergeben
kämpft er um das Überleben,
meidet tunlichst mit Geschick
des Lehrers forschend-bösen Blick,
geht sogleich auf Tauchstation
und gibt von sich nicht einen Ton.

Pech: Es kommt zur Abfrage,
nun kämpft er mit der Niederlage,
zunächst probiert er es ganz dreist, –

hierbei bleibt es dann – zumeist:
Zu hoch war das Risiko,
das nimmt er hin, das ist halt so.

Stets rechnet er die Noten aus,
droht ihm ein Ex, bleibt er zu Haus,
von dort geht er in ein Café
und hofft, dass ihn kein Lehrer seh'!
Die Noten schriftlich oder mündlich
addiert und dividiert er gründlich.

Beim Abi fällt er in ein Loch
und denkt danach: „Euch zeig ich's noch!
Ist auch mein Reifezeugnis schlecht,
im Leben komm ich gut zurecht,
häng ich mich erst so richtig rein,
dann werde ich erfolgreich sein!"

Und tatsächlich: Minimalisten
werden später Spezialisten,
technisch-praktisch sehr versiert,
wird an der TU studiert
zum Beispiel Werkstoffwissenschaft,
dann haben sie's zu was gebracht.

Ja, Minimalisten sind Artisten,
die mit geringstem Kraftaufwand
erreichen oft mit leichter Hand,
was andere in ihrem Leben
mit Ehrgeiz, Zeit und Fleiß erstreben.

GEHOBENER DURCHSCHNITT

Menschentypen nach Prospekt –
wenn das nicht Widerspruch erweckt!
Wird man kategorisiert,
fühlt der Mensch sich einsortiert.
Ja, man glaubt sich missverstanden,
nur weil Ähnlichkeit vorhanden!

Auch als Individuum
kommt der Mensch nicht drum herum,
dass es gibt Gemeinsamkeiten;
denn wir alle haben Seiten,
die sich typisieren lassen
und zu einer Ordnung passen.

Damit will ich zum Thema kommen,
da ich mir doch vorgenommen,
jene Schüler zu skizzieren,
die zu Hause mit Manieren
aufgezogen und gescheit
stets zur Leistung sind bereit.

Vorbei die Ära des „Null-Bock",
vorbei der Lern-Verweigerungs-Schock,
vergessen längst die Grün-Ideen:
in Jesuslatschen nackte Zehen
und Schlamperkleidung ungepflegt,
dies alles hat man abgelegt.

Man hat den Zeitgeist wohl verstanden:
beschränkt sind nur die Jobs vorhanden.
Wer nicht lernt, bleibt arbeitslos,
der Arbeitsmarkt ist rigoros.
Der Wettbewerb regiert global,
beherrscht die Menschen jetzt total.

Eine neue Generation
vollzieht den Wechsel sichtbar schon.
Was sind die Gegenwarts-Idole?
Markenqualitäts-Symbole!
Schicke Autos, Urlaubsreisen,
wie sie Werbespots verheißen.

Beinahe man sagen kann:
„Make money and have fun!"
Gehören zu der Oberschicht,
wer erstrebt dies heute nicht?
Also plant man schon beizeiten
und erweckt Begehrlichkeiten.

Voraussetzung: die guten Noten.
Besser sein als Durchschnittsquoten!
Man lernt, hört zu, ist konzentriert,
aus Interesse wird studiert.
Man ist kein Streber, pflichtbewusst
wird manchem Schule so zur Lust.

Sie stellen Fragen wohldurchdacht,
im Unterricht klug eingebracht,
sind sie des Lehrers Potential,
zuverlässig alle Mal.
Die Neudurchnahme ohne sie
wäre Schreibtisch-Strategie!

Sie prahlen nicht mit ihren Noten,
doch heben sie dafür die „Pfoten".
Sie geben sich vielmehr bescheiden,
so mag sie jeder gerne leiden.
Dies trennt sie vom gemeinen Streber,
dem Möchte-gern-Genie-Angeber.

Ihr Wissen ist ein sich'rer Stock
als Hilfe in dem Pisa-Schock,
und im Jahrgangsstufentest
behaupten sie die Spitze fest,
da sind sie eine echte Bank,
erhalten an der Schule Dank.

Meist sind sie vielfach engagiert,
es wird nicht nur daheim studiert.
Man spielt in einem Sportverein,
durchtrainiert, das will man sein!
Oder übt mit weichem Ton
Klavier, Gitarre, Saxophon.

Das heißt, wenn man zusammenfasst,
sie sind schon völlig angepasst.
Dies darf man positiv nur sehen:
Sie werden ihre Wege gehen.
Ihr Engagement und ihr Geschick
sind Zukunft dieser Republik!

Die Autofahrt zur Schule

Das Autofahren jeden Morgen
bereitet Herrn Latinus Sorgen.
„Fahr langsam!" seine Frau ihm rät,
doch tut er dies, kommt er zu spät.

Also fährt er, wie bekannt,
zu seinem Arbeitsplatz rasant.
Die Söhne auf den hinter'n Sitzen
bei seinem Fahrstil kräftig schwitzen.

Die Straße ist verkehrsverstopft.
Der Fahrer an die Stirn sich klopft,
und wütend schreit jetzt Herr Latinus:
„Was fahr'n denn die für einen Stuss!"

Was folgt, das ist dann allzu barsch:
„Fahr doch zu, du blöder …!
Ist das vielleicht ein Weihnachtsmann,
mein Gott, wie stellt denn der sich an!"

Er will sich durch die Reihen schlängeln,
der Sohn ruft: „Vadder, das ist drängeln!
Du verlierst den Führerschein,
lässt du nicht das Drängeln sein!"

Doch Latinus spricht gelassen:
„Deswegen kann man mich nicht fassen!
Ich fahr am andern nur vorbei.
Verbote gibt's da keinerlei!"

Am meisten stört die Ampel rot,
die beide mit „zu spät!" bedroht.
Doch es fährt der listige Lurch
bei jungem Rot oft noch hindurch.

Denn er macht dies so gewitzt,
dass er selten wird geblitzt.
Endlich sind sie bei der Schule,
vorbei die Fahrt, die Rallye coole.

DIE TRAJANSSÄULE

Jede Fahrt ist ein Erlebnis –
selbst wenn mäßig das Ergebnis.
Doch von ganz besonderer Art
ist eine Abi-Studienfahrt.
Welcher Leistungskurs nicht gerne
plant als Ziel die weite Ferne?
Und dieses Land ist eine Pflicht,
das man bespricht im Unterricht.

Demnach hatte Herr Latinus
auch zu knacken diese Nuss,
und für Leistungskurs Latein
konnte es nur Roma sein!
Also plante er genau,
besprach so manch antiken Bau
und hielt endlose Tiraden
zu Berninis Kolonnaden.

Endlich stand man vor dem Bus,
und nach einem Abschiedskuss
an den Freund und Treueschwüren
schlossen sich die Eingangstüren.
Nur dieses sei vorausgesagt:
Latinus wurde arg geplagt.
Denn die Mädchen Treue schwören,
um noch and're zu betören.

Als erstes Ziel im ew'gen Rom
besichtigt man den Petersdom.
Nach der Führung und viel Fragen
fühlt man sich schon wie erschlagen,
und die leichten Sandaletten
schmerzen auf Historien-Stätten.

Manche schwitzt in ihrem Shirt
und denkt für sich: Genug gehört!
Bei Katakombe Domitilla
empfängt uns eine alte Villa,
der Pinie Aromaticum
duftet süß nach Latium
und unter den Olivenbäumen
lässt sich von Kampanien träumen.
Zu Pasta, Pizza auf den Bänken
lassen wir uns Wein nachschenken.

Herrlich war die Juninacht,
bei vino rosso zugebracht, –
erwacht man dann mit schwerem Kopf,
führt der erste Weg zum Topf.
Dann erst rappelt man sich auf,
das Programm nimmt seinen Lauf.
Doch Italiens trock'nes Frühstück
ist nicht für jedermann ein Glück.

Müde noch, doch frisch frisiert
wird antikes Rom studiert:
Man steigt hinauf zum Kapitol,
das einstens zu der Römer Wohl,
als diese schliefen wohl gebettet,
von klugen Gänsen ward gerettet.
Also zeigte sich vor Jahren,
dass die Gänse klüger waren.

Wo erklang das laute Schnattern,
steh'n Touristen an den Gattern
vor des Kapitols Museen,
denn da gibt es was zu sehen:
Zur Venus von dem Esquilin
schauen Männer gerne hin,
und die Statue des Apoll
macht die Frauen sehnsuchtsvoll.

So bedeutend auch die Plätze,
so ermüdend ihre Schätze;
und der Leistungskurs Latein
mit Interesse ging hinein,
doch die Schritte wurden müder
und die Mienen immer trüber,
bis man sich zur Ruhe setzte
und an Espresso sich ergötzte.
Allora! Nach der kurzen Weile
con gelato ohne Eile
schlendern sie zum nächsten Ziel, –
noch ein Museum wär zu viel!
Marc Aurel in grüner Bronze
lässig grüßt in Reiterpose.
Beachtlich: Seine Sprüche gelten
heute noch, und das ist selten!
Die Straße abwärts mit Elan
führt zum Forum des Trajan.
Wir sind schon nah am Platz des „Helden",
als aufgeregt die Mädchen melden:
„Herr Latinus, schauen Sie,
dort da hinten! Lästig sind die!
Laufen dauernd hinterher,
seit einer Stunde und noch mehr!"
Und tatsächlich: Hinten dran
schließen junge Männer an.
Latinus ist dies alles ganz
lästig wie ein Rattenschwanz.
Da sieht er eine heimlich winken!
Wart nur, ihr könnt mich nicht linken!
Schon bei der Morgenmaniküre
lockerten sich eure Schwüre,

denkt er sich und spricht fast heiter
zu den hübschen Mädchen weiter:
„Das ist den Römern zuzutrauen,
die sind verrückt nach blonden Frauen.
Denkt an euere Manieren
und tut sie ja nicht animieren!
Sonst sind sie nicht mehr recht bei Sinnen,
das weiß jeder: Römer spinnen!"

Es grüßen Säulen und Palazzi
und hinten folgen uns Ragazzi
stur uns zäh wie Paparazzi.
Die Anni spricht: „So ist amore!
Den deutschen Männern fehlt furore!"
Latinus spricht: „tanto errore!" –
Lachend kommen wir jetzt an,
und es grüßt uns Herr Trajan.

Mit seiner hohen, weißen Säule
– geschädigt durch die Abgas-Keule –
prahlt er auf dem breiten Band,
das umgibt die Säulenwand,
mit dem, was er als Cäsar tat. –
Latinus vor die Säule trat,
versammelt um sich seine Gruppe
und spricht wie Cäsar vor der Truppe:

„Zweihundert Meter in Spirale!
Dort sieht man an die hundert Male
Trajan in seinem Daker-Kriege,
diesem galt nur seine Liebe.
Wollt Ihr die Technik recht begreifen,
dann denkt an einen Comic-Streifen,
da reiht sich laufend Bild an Bild, –
nur ist der Inhalt nicht so wild!"

Latinus nimmt sein Opernglas
und stellt es auf das rechte Maß,
und mit dem scharfen Blick nach oben
beginnt er die Reliefs zu loben:
„Trajan mit Gott Danuvius[15]
erscheint als Jupiter Fluvius![16]
Die Römer kennt man an der Rüstung. –
Tretet näher an die Brüstung!"
Latinus schwelgt voll in Entzücken
und kehrt den Schülern seinen Rücken.
Wie zeichnet klar das Opernglas!
Er entziffert, was er las:
„Merkt Euch, an den langen Haaren
werden deutlich die Barbaren,
lange Bärte auch am Kinn,
seht doch mal genauer hin!"

Latinus wendet sich jetzt um,
und der Anblick macht ihn stumm:
Dieser Schülerinnen-Haufen,
die sind ihm glatt davongelaufen!
Auf der Piazza gegenüber
stehen sie und grinsen rüber.
Er beschwört die Rachegötter,
um zu strafen seine Spötter.

Doch was ihn noch mehr erregt
und sein Inneres bewegt:
nicht nur, dass sie ihn nicht hörten,
sie stehen drüben, schäkern, flirten!
ungeniert mit den Ragazzi,
diesen geckenhaften Bazi![17]

---

[15] Personifikation der Donau
[16] Jupiter als Herr der Flüsse
[17] Bairisch/ Österreichisch: Gauner

Bei der Lena und der Anni
spielen die den Don Giovanni.
Das ist Latinus doch zu viel:
Anstatt Latein nur Sexappeal!
Im Gesicht rot wie Chianti
schreit er: „Verschwindet! Ab! Avanti!"
Gott sei Dank, sie gehen wieder,
Latinus fühlt sich schon als Sieger.
Da hört er, was ihm gar nicht lieb;
denn es spricht ein Mädchendieb:
„Professore, piep! piep! piep!"
Tippt dabei an seine Stirn,
wo ihm fehlt das Anstandshirn.
Dann schleichen sich die Papagalli. –
„Ab von hier jetzt, dalli, dalli!"
spricht Latinus voll Verdruss,
und vorbei an Kunst und Krempel
schreitet man zum nächsten Tempel.

Durchsage zum Weiber-Fasching

Wir Männer müssen heute klagen,
dass mehr als sonst die Frau'n uns plagen:
Die tollen Weiber sind heut los, –
bei ihnen ist die Freude groß!

Sie tragen bei sich eine Scher',
vergeblich ist die Gegenwehr,
schnipp, schnapp und ab ist die Krawatte, –
wie schön war's, als ich sie noch hatte!
Sie schwingen jubelnd die Trophäen,
um weit're Opfer zu erspähen.

Vielleicht habt Ihr ein wenig Glück
und erobert Euch ein Stück,
denn gleich wird diese Pausenhalle
für uns Männer eine Falle.

Doch beschränkt Euch auf die Binder
und seid keine Männerschinder;
vielmehr lasst die andern Teile
an uns Männern bitte heile!

Denn – so schließ ich das Gedicht –
ohne Männer geht es nicht!

PEINLICH! PEINLICH!

Wir alle hatten schon vergessen,
dass dem Menschen aufgesessen
war ein kleines Attribut
zwischen Haaransatz und Hut.
Ja, man hielt für ausgestorben,
was nur ungern war erworben:
jene läst'gen Parasiten,
unter denen einst wir litten.
Doch auf einmal augenscheinlich
sind sie da – wie peinlich, peinlich!

Sieh da!, in der fünften Klasse, –
ich sag's nicht laut, weil ich das hasse –,
meldet eine Mutter früh,
druckst herum und sagt mit Müh, –
ich seh im Geist die Schamesröte, –
als sie spricht voll großer Nöte:
„Meine Tochter hat ... sie hat ..."
worauf sie um Verständnis bat,
„sich in der U-Bahn angesteckt,
die leider immer so verdreckt,[18]
wir sind zu Hause doch so reinlich, –
sie hat Läuse, peinlich, peinlich!"

„Gute Frau, das muss man melden,
strenge Vorschriften da gelten.
Zu Hause bleibt jetzt erst mal Sina,
ich sag es ihrer Freundin Tina.
Wir wollen Ansteckung vermeiden,
das ist das Beste für die beiden!"

---

[18] Heimlicher Gedankengang: Die Penner und die Fremdarbeiter sind zumeist die Wegbereiter

Ich überlege lange hin und her,
wie in dem Fall zu handeln wär.
Ein Hohngelächter ist wahrscheinlich,
für die Schule ist das peinlich.

Die Klasse weiß sogleich Bescheid,
und jeder tut sich furchtbar leid,
die Mädchen werden leicht cholerisch
und ekeln sich und schrei'n hysterisch.
Denn viel schlimmer noch als Mäuse
sind im Klassenzimmer Läuse.

Die Klassenlehrerin greift ein:
„Lasst endlich das Geheule sein!
Läuse werden übertragen –
dies kann ich euch sicher sagen –
nur durch direkten Kontakt.
Dies ist bei euch bestimmt nicht Fakt!"

Halt! Das war das falsche Wort,
erneut entsteht Geschrei am Ort,
denn die Sina, diese Tussi,
gab hier ein Bussi, dort ein Bussi.
Die Freundinnen und die Bekannten
Anlass nun zum Kratzen fanden,
fühlten körperlich fast schon
eine Läuse-Invasion,
als ob die Sprösslinge der Nissen
bereits in ihre Kopfhaut bissen.

Die Lehrerin läuft ganz verstört
zum Direktor, ruft empört:
„Die Kinder sind so sehr erschreckt
und fühlen sich schon angesteckt.
Ich bin ja sonst bestimmt nicht kleinlich,
aber dies ist peinlich, peinlich!"

Wie soll ich nun als Chef entscheiden,
um eine Panik zu vermeiden?
Brauchst du Rat? Dann liegt es nah:
Befrage Wikipedia!
Und siehe da: drei Bildschirmseiten
zeigen an, wie einzuschreiten
ist bei solch Befindlichkeiten.
Mit diesem Wissen kann ich protzen
und zugleich den Läusen trotzen!
Und damit ich nichts verpasse,
begebe ich mich in die Klasse.

Gefährdet ist ja, wie ich seh,
unser gutes Renommee.
Hinzu kommt noch der böse Spott,
daraus ergibt sich ein Komplott:
Als Schullogo ein Krabbeltier,
die Laus zur Zier auf dem Panier!
Am Schluss erfährt's die Bildzeitung –
ein Albtraum für die Schulleitung!
Vielleicht sogar mit meinem Bild –,
der Gedanke macht mich wild.
Der Verdacht, wir wär'n nicht reinlich,
mein Gott, wär das peinlich, peinlich!

„Hört zu!" beginne ich die Rede,
„Von euch kenne ich doch jede,
ihr müsst euch keine Sorgen machen,
niemand wagt, euch auszulachen.
Ihr seid doch schön gestylt, adrett!
Lest nach in eurem Internet,
dann wisst ihr, was zu tun ist,
bis übermorgen habt ihr Frist.
Mit Perme- oder Allethrin
macht ihr alle Läuse hin.
Das and're ist mir einerlei,
drum habt vom Unterricht ihr frei!"

Und siehe da, das Wehgeschrei
war mit einem Mal vorbei,
jubelnd stürmen sie nach Hause –
ich brauche eine Kaffeepause.

Am Nachmittag – ich bin am Weg nach Hause
schon,
klingelt lang das Telephon.
Ich hebe ab und hör mit Grimme
am andern Ende eine Stimme:
„Herr Latinus, ich muss lachen,
was machen Sie denn da für Sachen!
Als Klassenelternsprecherin
weise ich Sie darauf hin:
Wir Eltern finden's übertrieben
schulfrei zu geben nach Belieben.
Nur ein Mädchen hat noch Nissen,
das sollen sie jetzt deutlich wissen!
Sie sind auf Panik reingefallen,
das ist völlig klar uns allen!
Ich sage dies zu Ihrem Kummer:
Für uns sind **Sie** die Lachnummer!"

Wütend lege ich jetzt auf:
Undank ist der Welten Lauf.
Denn es ist jetzt augenscheinlich:
Das wird peinlich, peinlich, peinlich!